ASPECT

DE

QUELQUES MAISONS DE LILLE

AU COMMENCEMENT DU XVII° SIÈCLE

PAR

L. QUARRÉ-REYBOURBON

Officier d'Académie,
Membre de la Société des Sciences de Lille, de la Commission historique
du département du Nord, etc.

LILLE,
L. QUARRÉ, LIBRAIRE-ÉDITEUR,
Grande Place, 64.

1889.

ASPECT

DE

QUELQUES MAISONS DE LILLE

AU COMMENCEMENT DU XVIIe SIÈCLE.

Extrait des Mémoires de la Société des Sciences de Lille.

ASPECT

DE

QUELQUES MAISONS DE LILLE

Au commencement du XVIIe Siècle

PAR

L. QUARRÉ-REYBOURBON

Officier d'Académie,
Membre de la Société des Sciences de Lille, de la Commission historique
du département du Nord, etc.

LILLE,
L. QUARRÉ, LIBRAIRE-ÉDITEUR,
Grande Place, 64.
1889.

ASPECT

DE

QUELQUES MAISONS DE LILLE

Au commencement du XVIIe Siècle.

Parmi les villes du Nord de la France et du Midi de la
Belgique, aucune n'a perdu, plus complètement que Lille,
le caractère pittoresque et artistique qui distinguait autrefois les maisons des vieilles cités de la Flandre, de l'Artois
et du Hainaut. Arras possède deux places entourées d'habitations à arcades et à pignons. Cambrai, Valenciennes,
Mons et Tournai ont conservé quelques constructions, les
unes en bois et les autres en pierre, élevées par les bourgeois à la fin du moyen-âge ou durant les deux premiers
siècles de la Renaissance. Il n'en est pas ainsi à Lille. Les
plus anciennes maisons d'habitation de cette ville datent
de la fin du XVIIe siècle ou du XVIIIe, et, en dehors des
maisons de la Bourse, de quelques maisons de la place
du Théâtre, de la rue de Paris, de la rue Royale, dont les
façades sculptées présentent une architecture spéciale,

toutes se font remarquer par leur caractère moderne, par leur aspect vulgaire et monotone (1).

Il ne reste plus guère, dans les documents des archives, dans les volumes des bibliothèques, dans les dessins et les tableaux des collections et des musées, ni de vues, ni de renseignements qui puissent donner une idée de l'aspect que la ville présentait il y a quelques centaines d'années.

Cet état de choses donne de l'intérêt à un plan offrant le dessin d'un certain nombre de maisons de la rue des *Malades*, actuellement rue de Paris, que nous avons eu la bonne fortune de trouver dans les Archives du Royaume à Bruxelles (2).

Nous avons fait reproduire ce plan, par un habile dessinateur de Bruxelles, M. Van Peteghem, en lui recommandant une exactitude scrupuleuse. Nous l'avons mis sous les yeux des membres de la Société des Sciences de Lille, en rappelant les circonstances qui l'ont fait dresser et en indiquant le caractère que présentaient les divers groupes de maisons qui y sont dessinés.

Voici à quelle occasion le plan a été tracé. En 1618, Pasquier Du Toict, bourgeois de Lille, mari de Madeleine A La Truye dite Delevigne, voulut établir, dans la rue du Dragon, une usine à raffiner le sel gris. Une enquête, de la nature de celles que nous appelons aujourd'hui *de commodo et incommodo*, fut ouverte. Les Clarisses ou Pauvres-

---

(1) Quelques maisons du XVI⁰ siècle existent encore rues de la Monnaie et de St-Etienne, mais elles ont été défigurées.

(2) Archives générales du Royaume à Bruxelles, section des cartes et plans, N° 2430. — Nous devons la connaissance de ce document à la bienveillante obligeance de M. Piot, archiviste général du Royaume.

Claires qui résidaient dans le voisinage, dans la ruelle qui porte encore aujourd'hui le nom de *Passage des Pauvres-Claires*, et plusieurs bourgeois de la rue des Malades, Pierre Gaillet, Jean Roimunc (?) et d'autres, déclarèrent que l'usine était trop rapprochée de la chapelle des Clarisses et de leurs maisons. Depuis peu de temps, à plusieurs reprises, des épidémies avaient sévi dans la rue des Malades: un certain nombre de religieuses et d'habitants avaient péri victimes de la contagion.

Des attestations furent présentées par Pasquier Du Toict et par les opposants. Après que les échevins de Lille eurent rendu une décision favorable à ces derniers, l'affaire fut portée à Bruxelles devant le Conseil privé qui, le 13 septembre 1620, condamna Pasquier Du Toict à démolir ce qu'il avait construit.

Dans le dossier de cette affaire se trouve un plan. L'architecte inconnu qui l'a dressé, a présenté le dessin détaillé de la devanture d'un grand nombre de maisons, sises sur le rang ouest de la rue des Malades, à droite et à gauche de l'endroit où débouche la rue du Molinel. C'est sur l'aspect de ces maisons que nous voudrions appeler un instant l'attention des archéologues.

Du côté compris entre la rue du Molinel et la porte actuelle de Paris, cinq maisons seulement sont dessinées. Ces habitations ont de 20 à 25 pieds de largeur, leur hauteur, qui est uniforme, est de 75 pieds. Elles sont construites en bois. A droite et à gauche de chacune d'elles s'élèvent deux montants en bois qui supportent à leur sommet un tympan triangulaire formant pignon, sous lequel est dessinée une arcade trilobée comme on en voit dans les chalets de la Suisse et les maisons de la Norwège. La devanture comprise entre ces montants est formée de planches qui semblent être à peu près d'égale largeur. Au rez-de-chaussée, une porte et des lucarnes plus ou moins nombreuses, plus ou moins étroites; au-dessus du rez-de-chaussée, deux ou trois étages, dont le premier ne surplombe qu'à la quatrième maison et qui offrent des fenêtres très diverses de forme et de dimension. Des lucarnes étroites percées irrégulièrement dans les tympans, éclairent les soupentes et les greniers. L'ensemble des maisons offre une teinte vieux bois; les tympans sont peints en jaune.

La partie la plus curieuse du plan est celle qui s'étend de la rue du Molinel au passage des Pauvres-Claires. Elle est formée de huit maisons. Les trois premières sont en bois et rappellent, comme hauteur, largeur et aspect, les cinq que nous venons de décrire. Toutefois, elles sont construites avec plus de soin et présentent quelques particularités. Le premier étage fait saillie à la première et à la troisième maison, tandis qu'à la seconde c'est le deuxième qui surplombe. Les portes de la seconde et de la troisième maison sont coupées à mi-hauteur et permettaient ainsi à l'occupeur de s'appuyer sur la partie inférieure pour regarder ou attendre les passants, comme cela se pratiquait encore dans notre contrée, durant la première moitié du XIXe siècle. Les fenêtres au second étage sont très larges et présentent trois compartiments divisés par des meneaux. La seconde de ces trois maisons est peinte en jaune. La première est le *Cabaret du Molinel*. De l'angle qui sépare la rue du Molinel de la rue des Malades, se détache une large enseigne, qui sert de support à un petit moulin à vent, sous lequel il est écrit : *Au Molinel*. Sous l'enseigne, une statue en bois, plus grande que nature, représente une femme peinte de rouge, de bleu et de vert, qui tient de la main droite un verre et montre de la main gauche deux tonneaux placés à ses pieds, près de la porte du cabaret.

La quatrième et la cinquième maison sont construites en pierre. La quatrième devait être celle d'un marchand. A côté du chambranle de la porte, se voit sur toute la largeur de l'habitation, une devanture de magasin dont les compartiments vitrés ne sont séparés que par des montants en bois, très légers. Le premier et le second étage sont aussi occupés, dans toute leur hauteur, par de larges ouvertures carrées que divisent des montants en bois assez larges. Au troisième étage et dans le tympan du pignon sont percées des ouvertures différant les unes des autres par la forme et la dimension. Les deux maisons sont construites en grès ou en pierre de taille. La seconde n'a point de devanture de magasin au rez-de-chaussée et offre des fenêtres moins larges au second étage : elle était peut-être occupée par un propriétaire ayant une certaine aisance. La partie triangulaire des tympans présente ces pignons à degrés que l'on désigne sous le nom de *Pas de moineaux*.

Au-delà des deux maisons en pierre, le plan laisse entrevoir le couvent des Pauvres-Claires, qui avait été considérablement agrandi depuis cinq ou six ans, surtout grâce aux libéralités de Jean Le Vasseur, le pieux seigneur de la Bouthillerie, et d'une demoiselle Dragon (1).

---

(1) L. Dancoisne. Histoire du couvent des Pauvres-Claires, page 47.

Sur la rue, est construit un petit édifice, dans lequel s'ouvre une large porte comprise entre deux colonnes, qui est actuellement l'entrée du passage des Pauvres-Claires. Au-dessus de cette porte s'élèvent des arcades ogivales, abritant sans doute des statues ou des bas-reliefs représentant soit le Christ flagellé, soit Sainte-Claire. Dans le fond, derrière les habitations dont il nous reste à dire quelques mots, sont dessinés l'église du couvent avec ses clochers, diverses contructions assez irrégulières et deux grands pignons, qui offrent les *Pas de Moineaux*, dont nous venons de parler.

Aux deux grands pignons sont adossées, avec façade sur la rue, trois maisonnettes en bois, comme on en voyait souvent autrefois, contre les murs des églises; leurs auvents, leurs fenêtres offrent un aspect pittoresque.

Du *Passage des Pauvres-Claires*, jusqu'à une large porte en pierre qui devait se trouver à peu près à l'endroit où commence le parvis de l'église Saint-Maurice, on trouve sur le plan une suite de dix maisons en bois, qui rappellent, pour les dimensions, la construction, l'aspect et les ouvertures, les cinq habitations situées au-delà de la rue du Molinel dont nous avons donné plus haut la description.

Derrière ces dix maisons, est représentée la blanchisserie des Clarisses, formée de dépendances très basses et sans caractère servant à la buanderie, avec de grands préaux par devant et par derrière. Plus loin s'élève une haute muraille garnie de créneaux. Ce sont les remparts de la ville, dont ce plan nous donne aussi une vue en perspective.

Sur l'un des coins du plan sont dessinées, au milieu

d'une guirlande de fleurs, les armes de Lille, de gueules à
la fleur de lis d'argent.

Voilà les quelques renseignements, que nous avons pu
recueillir, en étudiant le plan de 1618. Ils sont bien incom-
plets. Mais étant donnée la pénurie de documents dans
laquelle se trouve l'archéologue au sujet de l'aspect du
Vieux-Lille, ce plan n'est pas sans importance. Si res-
treinte qu'elle soit, la portion de la rue des Malades qui est
dessinée, donne une idée de ce qu'était notre ville à la fin
du XVIe et au commencement du XVIIe siècle.

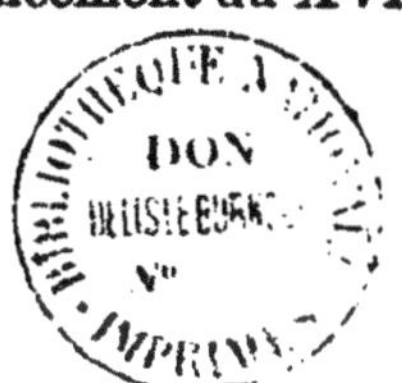

CHANGEMENT DE RAPPORT

Rpt   **24**

au lieu de

Rpt   **19**

Planche(s) en 2 prises de vue

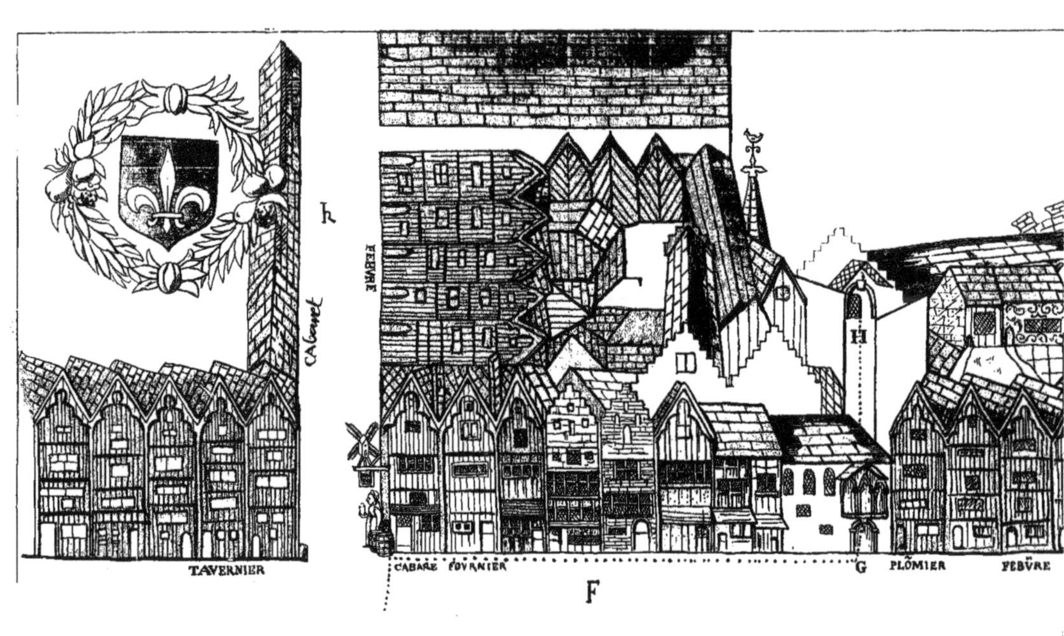

ld dragon
Depuis laquelle rue iusques au conny du molinel ———— 49
Depuis Lequel Jusques a La rue des clarisses ———— 198   pieds
Depuis Laquelle jusques a L'Entree de L'eglise ———— 516

F   RVE DES MALADES
G   RVELET DES CLARISSES
H   ENTREE DE L'EGLISE
I   BLANCHERIE DESDITES CLARISSES
h   RVE DV MOLINEL

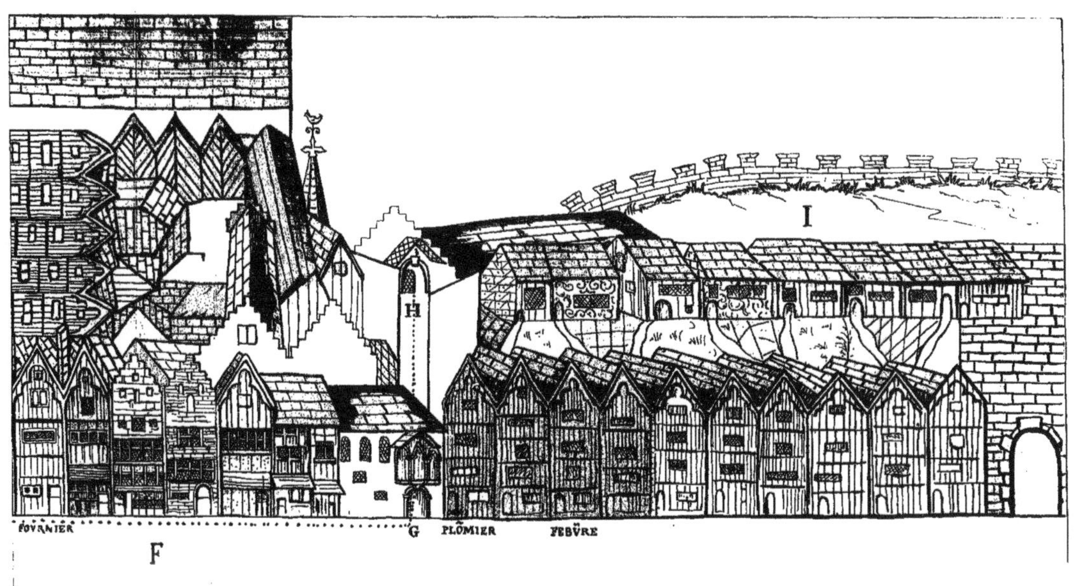

ragon
iusques au coing du molinel ———— 49
... a La rüe des clarisses ———— 198   pieds
... a L'Entree de L'eglise ———— 116

F   RVE DES MALADES.
G   RVELET DES CLARISSES.
H   ENTREE DE L'EGLISE.
I   BLANCHERIE DESDITES CLARISSES
h   RVE DV MOLINEL

PIEDS